Connections!
BAUTEN

Kreative und redaktionelle Leitung
Konzept/Format/Gestaltung
Caroline Grimshaw

Text **Iqbal Hussain**
Beratung **Ziona Strelitz**
Anthropologin / Planungsspezialistin
für die Nutzung
bebauter Umwelt durch den Menschen

Illustrationen
Nick Duffy ☆ **Spike Gerrell** ☆ **Jo Moore**

Dank an
Debbie Dorman Bildrecherche
Justine Cooper und **Robert Sved** Redaktionshilfe
und **Andrew Jarvis** ☆ **Ruth King**
Charles Shaar Murray

Titel in dieser Reihe
↓
Menschen
Bauten
Erde

© 1995 Two-Can Publishing Ltd., London
© 1995 Tessloff Verlag, Nürnberg
Alle Rechte vorbehalten. Kein Teil dieses Buches darf in irgendeiner Form (durch Fotokopie, Mikrokopie oder andere Verfahren) ohne vorherige schriftliche Genehmigung des Verlages reproduziert werden oder unter Verwendung elektronischer Systeme verarbeitet werden.

Aus dem Englischen von Thomas M. Höpfner

ISBN 3-7886-1007-7

Inhalt

TEIL 1 → Seite 3
Frag dich mal:
WAS IST EIGENTLICH EIN GEBÄUDE?

TEIL 2 → Seite 17
HÄSSLICH, SELTSAM, WUNDERBAR...
Bauten sehen verschieden aus – wieso?

TEIL 3 → Seite 27
BAUTEN
Wie beeinflussen sie die Menschen, die sie benutzen und ihre unmittelbare Umgebung?

Erkunde die Zusammenhänge durch Frage und Antwort
Du kannst dieses Buch von Anfang bis Ende lesen, oder du gehst sprungweise vor, wie es die „Verbinde!"-Kästchen empfehlen.

Verbinde!

Viel Spaß auf deiner Reise der Entdeckungen und Erklärungen!

Connections!
TEIL 1

Frag dich mal:

Was ist eigentlich ein Gebäude?

Wo steht das höchste Gebäude der Welt?

Worauf ruht ein Dach auf?

Sind Gebäude stets aus Ziegel- bzw. Naturstein?

Diese – und noch andere – Fragen werden dir in **Teil Eins** deiner Reise der Entdeckungen und Erklärungen beantwortet. Blättre um! ---✈

FRAG DICH MAL: WAS IST EIGENTLICH EIN GEBÄUDE?

FRAGE 1 — Was ist ein Gebäude?

Was haben ein Haus, ein Büro und eine Moschee gemeinsam? Antwort: Sie sind alle Gebäude.

Ein Gebäude ist jedes von Menschen errichtete Bauwerk, das Räume umschließt und Schutz gegen Witterungseinflüsse bietet.

Schau dir diese Bilder an. Welche zeigen Gebäude?

   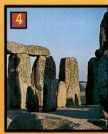

1. DAS OPERNHAUS VON SYDNEY
2. DER EIFFELTURM
3. DIE PYRAMIDEN
4. STONEHENGE

DIE ANTWORTEN FINDEST DU AUF DIESER SEITE.

Verbinde! Warum sehen nicht alle Gebäude gleich aus? Sieh nach in Teil 2.

FRAGE 2 — Wieso fingen Menschen an, Gebäude zu errichten?

Es war der Wille zum Überleben.

Vor ungefähr 2,5 Millionen Jahren lebten Menschen in Höhlen. Die Höhlen boten ihnen Obdach und zugleich Schutz vor wilden Tieren.

↑ Stierdarstellung in der Höhle von Lascaux, Frankreich.

Verbinde! Bestimmt das Klima auch heute noch mit, wie ein Gebäude aussieht. Sieh nach bei F 25.

Aber was war, wenn sich keine Höhlen fanden? Die Menschen mußten lernen, sich selber Wohnstätten zu schaffen. Als sie freistehende Behausungen errichten konnten, gewannen die Menschen mehr Bewegungsfreiheit für die Nahrungssuche.

Gebäude boten ihnen:
- Schutz vor der Sonne
- Ein Dach überm Kopf
- Raum für ihre Habe
- Ein warmes, trockenes Plätzchen

Verbinde! Später waren Gebäude mehr als bloß Zuflucht vor Wind und Wetter. Näheres bei F 26.

← Frühe Gebäude waren aus Material, das es reichlich gab, z. B. aus Holz, Schilf, Tierhäuten. Manche Hütten wurden aus Zweigen und Mammutknochen errichtet.

ANTWORTEN AUF F 1: 1, 2 UND 3 SIND GEBÄUDE, 4 IST KEINS.

4

Ein Gebäude könnte sein...

Ein Ort zum Wohnen  **wie ein Haus**

Ein Ort zum Lernen  **wie eine Schule**

Ein Ort zum Arbeiten 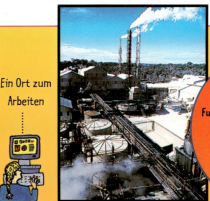 **wie eine Fabrik oder ein Büro**

Ein Ort zum Beten  **wie ein Dom oder eine Moschee**

Ein Ort zum Entspannen  **wie ein Kino oder ein Sportzentrum**

Prüf's nach!
Schau dir Gebäude in deiner Wohngegend an und überlege dir, welche Funktion jedes einzelne hat. Welche Gebäudearten sind die häufigsten und welche die seltensten?

Verbinde!
Bestimmt der Zweck oder die Nutzung eines Gebäudes dessen Aussehen mit? Weiter zu F23.

FRAGE 3 — Gibt es heute noch wirklich alte Gebäude?

Von frühen Bauten ist kaum noch was erhalten –

weil sie aus Material bestanden, das schon vor langer Zeit zerfallen oder weggeblasen worden ist. Immerhin, 1965 wurden in Nizza, Frankreich, 21 Hütten entdeckt. Sie sind an die 400 000 Jahre alt und damit die ältesten bekannten Bauten überhaupt. Da sie dicht beieinander errichtet worden waren, müssen die Menschen dort im Rahmen einer Gemeinschaft gewohnt haben. Diese Siedlung ist einer der frühesten Belege für ein solches Zusammenleben von Menschen.

FRAGE 4 — Wer waren die ersten Architekten?

Architekten sind Leute, die Bauwerke gestalten.

Die ersten Architekten wurden diejenigen Menschen, die ihr Höhlendasein hinter sich ließen. Aber die ersten Beispiele für gestaltendes Bauen entstanden vor rund 5000 Jahren in Mesopotamien und Ägypten.

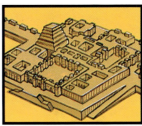
Die Zitadelle König Sargons II. in Chorsabad, Assyrien. Sie enthielt viele Tempel, Paläste, Häuser und eine Zikkurat (Tempelturm in Form einer abgestuften Pyramide).

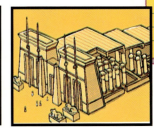
Der Tempel zu Karnak, Ägypten, war dem Mondgott Chons geweiht. Den Zugang flankierten zwei große Türme, Pylone. Säulen trugen das Tempeldach.

Was sollte auf der Kontroll-Liste eines Architekten stehen?

✓ **Funktion** Jeder Bau muß zweckentsprechend gestaltet sein.

✓ **Äußeres** Das Aussehen eines Bauwerks sollte mit seiner Funktion, der Materialwahl und dem Klima zusammenhängen.

✓ **Beständigkeit** Das Bauwerk muß den Witterungseinflüssen widerstehen können, und es muß leicht zu reparieren sein.

Verbinde!
Einige Architekten sind sehr berühmt geworden. Siehe F29.

FRAG DICH MAL: WAS IST EIGENTLICH EIN GEBÄUDE?

FRAGE 5
Welches sind die kleinsten, höch-

3,1 m

1,8 m

Das ist klein

Fischerhäuschen aus dem 19. Jh. in Conwy, North Wales. Es hat nur zwei winzige Zimmer und einen Stiegenraum. Es ist bloß 1,8 m breit und 3,1 m hoch.

443 m

Das ist hoch

Sears Tower in Chicago, USA, 443 m hoch. Das Gebäude hat 110 Stockwerke, 104 Aufzüge, 18 Fahrtreppen und 16 100 Fenster.

Verbinde! Sieh nach bei F28, wieso Wolkenkratzer nicht umkippen.

FRAGE 6
Erheben sich alle Bauwerke über

Nein. Manche Gebäude sind in die Erde hineingebaut, sie sind unterirdisch. Andere erheben sich über den Erdboden.

1 Gebäude mit Kellergeschoß

Das Kellergeschoß ist das unterste Geschoß eines Gebäudes. Es liegt meist ganz unter der Erde.

↑ Im Zweiten Weltkrieg (1939-1945) suchte die Zivilbevölkerung bei Fliegerangriffen in Kellern Schutz vor den Bomben.

2 Unter der Erde

Unterirdisches Wohnen hat Tradition in Europa, Australien, im Nahen Osten und in China.

↑ In Coober Pedy, nördlich von Adelaide, Australien, hat man unterirdische Wohnungen eingerichtet, in denen sich die enorme Sommerhitze ertragen läßt.

Unterirdisch leben

ist gut, denn:

● unveränderliche Temperaturen und Feuchtigkeitswerte können bedeuten, daß unterirdisch lebende Menschen eine glattere Haut haben und weniger an Rheumatismus leiden,

● die Luft ist frei von Verunreinigungen, wodurch unterirdische Wohnungen besonders für Asthmakranke geeignet sind.

● unterirdisch Bauen belastet die Erdoberfläche weniger.

ist schlecht, denn:

● vielleicht gibt es nicht genug Tageslicht. Bei Kunstlicht leben kann Schläfrigkeit und Niedergeschlagenheit hervorrufen.

● wenn man unterirdisch nicht in Siedlungen lebt, fühlt sich der Einzelne womöglich einsam und isoliert.

☆ Im 10. und 11. Jh. entstanden in Kappadokien (heute Türkei) große **unterirdische Städte**. Tausende von Christen suchten dort Zuflucht vor islamischen Eindringlingen.

sten, schmalsten Gebäude?

Das ist schmal

Weil so viele Menschen in Amsterdam, Niederlande, den Blick auf die Kanäle schätzten, wurden die Häuser so schmal wie möglich gebaut. So fanden mehr Häuser mit Kanalblick Platz.

4 m

72 ha

Und das ist groß!

Der Kaiserpalast in Beijing, China, besteht aus fünf Hallen und 17 kleineren Palästen. Er bedeckt eine Fläche von 72 Hektar.

☆ **Welches ist das sonderbarste Gebäude?** Sowas ist Geschmackssache; du mußt es selbst entscheiden, wenn du dieses Buch durch hast.

die Erde?

Verbinde!

Manche Gebäude sehen so merkwürdig aus, daß man sich kaum vorstellen kann, wie sie als Gebäude zu nutzen sind. Sieh nach bei F 23.

B Gebäude, die auf Stützen stehen

In Indien und Indonesien, Ländern mit starken Niederschlägen, baut man Häuser manchmal auf Stützen. Wenn unten Wasserfluten gurgeln, bleiben die Häuser trocken. In dem Raum zwischen den Stützen können die Menschen Haustiere halten.

Gebäude auf Stützen gibt es in westlichen Ländern nicht sooft. Der Architekt Charles Edouard Jeanneret (1887–1966), berühmt geworden unter dem Namen Le Corbusier, wollte das ändern. Er hatte schon lange vorgehabt, Bauten vom Boden zu lösen. Dank der Erfindung des Stahlbetons konnte er seinen Traum verwirklichen. Le Corbusier schuf etliche Bauten auf Stützen (Pilotis).

↑ An diesem indonesischen Haus führt eine Leiter aus derben Ästen zur Vordertür empor.

↑ **Schweizer Haus der Cité Universitaire, Paris, Frankreich.** Dieses Gebäude machte Le Corbusier berühmt. Es hob sich stark von den traditionellen Gebäuden der internationalen Universitätsstadt ab.

↑ **Doppelhaus in Stuttgart, Deutschland.** Dieses große Betonhaus steht auf mehreren Pilotis, das Erdgeschoß ist offen gehalten.

Verbinde!

Wie sind Häuser daran angepaßt, daß es wenig regnet oder sehr heiß ist? Weiter zu F 25.

Verbinde!

Die Visionen und Ideen von Architekten haben das Gesicht unserer Welt mitgeprägt. Sieh nach bei F 29 und 34, ob das immer gut gewesen ist.

Was meinst du, warum hat Le Corbusier das Erdgeschoß offen gelassen?

FRAG DICH MAL: WAS IST EIGENTLICH EIN GEBÄUDE?

FRAGE 7 Warum sehen nicht alle Dächer gleich aus?

Das Dach ist die Abdeckung oben auf dem Gebäude. Es schützt das Innere gegen Witterungseinflüsse. Es kann auch verhindern, daß viel Wärme entweicht, und es kann zur Lüftung beitragen.

Die zwei Hauptteile des Daches sind:
1. Die Dachdeckung
2. Das Traggerüst

Ein Baustil wird von verschiedenen Faktoren bestimmt, das Aussehen eines Daches auch. Wichtig sind z. B.: die örtliche Tradition; das Klima; die verfügbaren Baustoffe; die entstehenden Kosten; das Können des Architekten und der Bauhandwerker; die herrschende Mode.

Verschiedene Dachformen haben verschiedene Namen...

1. TURMDACH
2. WALMDACH
3. ZELTDACH
4. KREUZDACH

☆ DÄCHER

Viele Dächer sind mit Tonziegeln oder Schieferplatten gedeckt. Mit Bitumen werden Flachdächer wasserdicht gemacht. Es gibt auch Gebäude mit Dächern aus Stroh oder Rohr.

↑ Damit ihnen das Getreide nicht feucht wird, lagern es die Dogon in Mali, Westafrika, in strohgedeckten Kornspeichern, die auf hölzernen Plattformen stehen.

Kuppeln

Eine Kuppel ist ein konvexes Dach, das heißt, die Fläche ist gewölbt wie eine Halbkugel. Das Eigengewicht oben trägt dazu bei, daß die Kuppel ihre Form behält. Man kann Kuppeln in allen möglichen Formen und Größen bauen.

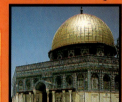 

↑ Der Felsendom in Jerusalem, Israel, hat eine Kuppel in Halbkugelform.

↑ Die Hagia Sophia in Istanbul, Türkei, hat eine napfförmige Kuppel.

↑ Die Basilius-Kathedrale in Moskau, Rußland, hat acht Zwiebelkuppeln, und jede ist anders gestaltet.

Verbinde! Sieh nach bei F 25, wieso manche Dächer graugrün werden.

FRAGE 8 Worauf ruht das Dach?

Auf Mauern. Eine Mauer ist eine Wand aus Stein, die ein Bauwerk umschließt oder unterteilt.

1 Massivbau

Solch ein Bau hat massive Mauern. Sie spielen eine wichtige Rolle dabei, das Gebäude zusammenzuhalten. Da sie massiv sind, können sie ohne weiteres die Last des Daches tragen.

2 Skelettbau

Das Gebäude wird von einem System von waagrechten und senkrechten Balken zusammengehalten. Es ist so stark, daß es das Dach tragen kann. Es können Wände hinzugefügt werden. Diese sind nicht dazu bestimmt, das Dach zu tragen, sondern sie unterteilen das Gebäude.

↑ Lehmsteinhäuser im Mittelmeerraum haben massive rechteckige Mauern, die das flache Dach tragen.

↑ Dieses Fachwerkhaus, eine Holzrahmen-Konstruktion, ist ein gutes Beispiel eines Skelettgebäudes.

Verbinde!

Warum sehen Steinmauern verschieden aus? Sieh nach bei F 15.

FRAGE 9 Sind Decken und Fußböden dasselbe?

Nein. In den meisten modernen Gebäuden sind Decke und Fußboden durch einen Zwischenraum von einander getrennt.

In diesem Zwischenraum werden alle Kabel, die Elektroverdrahtung und die Wasserrohre verlegt. Früher war der Fußboden eines Raumes zugleich die Decke des Raumes darunter. Im 16. Jh. verkleidete man die sichtbaren Balken vielerorts mit Brettern und Gipsputz. Im 17. Jh. waren üppig dekorierte Stuckdecken beliebt.

↑ Die Decke des Banqueting House, Whitehall Palace, London, ist in neun riesige Gemälde im goldfarbenen Stuckrahmen aufgeteilt.

FRAG DICH MAL: WAS IST EIGENTLICH EIN GEBÄUDE?

FRAGE 10: Warum haben Gebäude Fenster?

Fenster verbinden uns mit der Welt draußen. Sie lassen Licht in den Raum herein und dienen auch der Lüftung.

Anfangs waren Fenster bloß Löcher in der Wand. Für die Nacht verschloß man sie mit Häuten, Zweigen, Knochen oder Schilf.

Prüf's nach! Schau dich in deiner Gegend um: Gibt es dort unverglaste Fenster? Wie alt ist das Gebäude?

↑ Burgen hatten schmale senkrechte Schlitzfenster. Bogenschützen, die durch diese Schlitze zielten, fanden hier Deckung.

↑ Dieses Hotel in Schweden hat Fensterscheiben nicht aus Glas, sondern aus rechteckigen Eistafeln.

↑ In altjapanischen Häusern bestehen die Fenster aus Papier.

Was ist Glas?
Glas ist ein hartes, aber zerbrechliches Material. Es wird durch Schmelzen von Sand, Soda und Kalkstein hergestellt. Manchmal setzt man auch Bruchglas zu.
Vor über 5000 Jahren machten ägyptische Töpfer farbige Glasperlen. Aber für Fenster benutzte man Glas erst rund 3000 Jahre später. Die Römer entwickelten sich zu sehr geschickten Glasherstellern; sie waren die ersten, die verglaste Fenster hatten.
Erst im 16. Jh. waren Fensterscheiben in Häusern allgemein verbreitet. Ärmere Leute mußten allerdings noch 300 Jahre lang ohne Glasfenster auskommen.

Verbinde! Seit der Entwicklung von Metallrahmen kann man Bauten mit ganzen Außenflächen aus Glas errichten. Siehe F 28.

FRAGE 11: Ist Buntglas wirklich gefärbt? Und wenn – womit?

Ja. Um das Glas zu färben, werden bei der Glasherstellung bestimmte Stoffe zugesetzt, nämlich Metalloxide.

Die farbigen Glasstücke werden durch Bleistreifen zusammengehalten.
Oft erzählen solche Glasfenster Geschichten.

Verschiedene Oxide ergeben verschiedene Farben
Antimonoxid = Gelb
Kobaltoxid = Blau
Kupferoxid = Rot
Nickeloxid = Purpur

← Die Buntglasfenster der Kathedrale in der englischen Stadt Lincoln erinnern an den großen Brand von 1147.

FRAGE 12

Lassen sich alle Fenster öffnen?

Nein, es hängt von Stil und Funktion des Gebäudes ab.

In einem klimatisierten Raum brauchst du kein Fenster mehr aufzumachen, wenn du lüften willst. Fenster sollten nicht zu öffnen sein, wo es die Sicherheit erfordert, oder wenn hinter dem Glas wertvolle Dinge geschützt bleiben sollen.

DIESE FENSTER GEHEN NICHT AUF:

SCHAUFENSTER

FENSTER IN BÜROHOCHHÄUSERN

 Sind Fenster, die man nicht öffnen kann, eine Gefahr für die Gesundheit? Siehe F 32.

FRAGE 13

Was ist ein Türdurchgang?

Ein Türdurchgang besteht aus der Tür und dem sie umgebenden Rahmen.

Wie die ersten Fenster, so waren auch die ersten Türen bloß Öffnungen in dem Gebäude, die man mit Tierhäuten, Schilf und anderem Pflanzenmaterial zuhängte. In der Mongolei wohnen Nomaden in Wohnzelten, Jurten genannt. Die Tür der Jurte ist aus Filz und wird durch Hochklappen aufs Dach geöffnet.

Portale sind Prunktore, wie man sie an manchen imposanten öffentlichen Gebäuden findet. Ein großartiges gotisches Portal hat der Kölner Dom.

Betrachte mal diese drei Türdurchgänge...

Welcher gehört wohl zu:
- EINEM PRIVATHAUS
- EINEM GEFÄNGNIS
- EINEM TEMPEL

Die Antworten findest du auf dieser Seite.

FRAGE 14

Wie funktionieren automatische Türen?

Über der automatischen Tür befindet sich ein Sensor. Der erfaßt alles, was in seine Reichweite kommt.

Beim Aufgehen der Tür wird eine Strahlschranke quer vor der Tür erzeugt. Die Tür bleibt so lange auf, wie die Strahlschranke dadurch unterbrochen ist, daß sich jemand in ihr befindet.

Der Sensor sendet Mikrowellen, deren Bild sich ändert, sobald eine nahende Person sie reflektiert. Die veränderten Wellen werden vom Sensor aufgefangen, der dann weiß, daß jemand im Erfassungsbereich ist. Der Sensor gibt dem Motor den Befehl, die Tür zu öffnen.

ANTWORTEN AUF F 13: 1 GEFÄNGNIS, 2 TEMPEL, 3 PRIVATHAUS.

FRAG DICH MAL: WAS IST EIGENTLICH EIN GEBÄUDE?

FRAGE 15: Was brachte Menschen dazu, mit Stein zu bauen?

Da die Frühmenschen auf Nahrungssuche umherstreiften, waren ihre ersten Gebäude wahrscheinlich provisorische Hütten oder Zelte aus Holz und Tierhäuten, also Stoffen, die sie in der Natur vorfanden. War solch Material knapp oder brauchten die Menschen feste Behausungen, so bauten sie mit Stein.

FALLSTUDIE: DIE PYRAMIDEN

Die Pyramiden von Giseh in Ägypten sind 4000 Jahre alt. Jede Pyramide besteht aus rund 2,5 Millionen Kalksteinblöcken, von denen jeder rund 2,5 Tonnen wiegt.

☆ WIE WAR DAS MÖGLICH?

- Es gab enorm viele Arbeitskräfte; ganze Sklavenheere brachen Steine.
- Es gab ein leistungsfähiges Transportsystem – die Steinblöcke wurden per Schiff auf dem Nil zur Baustelle geschafft.

☆ WARUM SEHEN STEINMAUERN VERSCHIEDEN AUS?

Weil sie aus verschiedenartigem Naturgestein bestehen.

1 Sedimentgestein
besteht aus kleinen Teilen anderer Gesteine, Sand, Ton, ja sogar Tierskeletten.

Sandstein
Tonschiefer
Kalkstein →

2 Eruptivgestein
Die Hitze der Vulkane bringt unterirdische Gesteine zum Schmelzen. Sie erstarren zu verschiedenen Gesteinen.

Bimsstein
Basalt
Granit →

3 Umwandlungsgestein
Entstand unter Einwirkung von Hitze und Druck auf Sediment- und Eruptivgestein.

Marmor →
aus Kalkstein entstanden
Tonschiefer
aus Schieferton entstanden

Verbinde! Heute bauen sich manche Menschen Behausungen aus allen möglichen Materialien. Weiter zu F 27.

Verbinde! Wie wirkt sich saurer Regen auf Steinbauten aus? Siehe F 25.

FRAGE 16: Ist Beton eine neue Erfindung?

Nein! Lies weiter.

Bausteine müssen miteinander verbunden werden. Das verbreitetste Bindemittel – Mörtel – ist der Beton, eine Mischung aus Zement, Wasser, Sand und Kies. Beton gibt es seit Jahrhunderten.

☆ DIE GESCHICHTE DES BETONS

- **2. Jh. n. Chr.** Die Römer entdecken ein vulkanisches Mineral, die Puzzolanerde, die sie mit Kalk, Kies und Sand mischen. So erhalten sie einen Mörtel, der bindekräftiger ist als ihr bisher benutzter Kalkmörtel.

- **5. bis 19. Jh. n. Chr.** Nach dem Niedergang des Römerreiches gerät der Beton für fast 15 Jahrhunderte in Vergessenheit.

- **1824** Der Beton wird aufs neue entdeckt, als der britische Steinmetz Joseph Aspdin den Portlandzement erfindet. Portlandzement ersetzt nun den Kalk im Beton.

- **1850** In Frankreich kommt man darauf, daß Beton durch Einlegen von Stahlstreben verstärkt werden kann.

- **1994** Astronauten nehmen im Space Shuttle Endeavour Portlandzement, Sand und Wasser in den Weltraum mit. Sie sollen herausfinden, ob Beton in der Schwerelosigkeit des Raumes abbindet.

Verbinde! Sieh bei F 28 nach, wie Stahlbeton das Bauen beeinflußt hat.

FRAGE 17 — Was ist ein Ziegelstein?

Im Gegensatz zu Holz und Naturstein sind Ziegelsteine (Backsteine) umgewandelte Materialien, in der Natur vorkommende Stoffe, die der Mensch verändert hat.

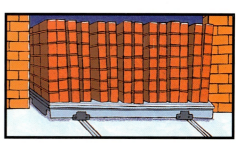

Ein Ziegelstein ist ein Baustein aus Ton oder Lehm, der in einem Brennofen bei großer Hitze gebrannt worden ist. Der Normalformat-Ziegelstein hat die Maße 240 x 115 x 71 mm.

☆ **Beim Errichten einer Ziegelmauer werden die Steine nicht genau übereinandergesetzt. Warum nicht?**

Ziegel werden meist im „Läuferverband" gesetzt. Die Schichten sind um die halbe Länge eines Steins versetzt. Dadurch hält die Mauer besser. Würde man die Steine nicht im Verband anordnen, gäbe es bald Risse in der senkrecht durchgehenden Mörtelfuge.

Prüf's nach!
Besorge dir ein paar rechteckige Pappschachteln. Bau dir eine Mauer nach dem „Läuferverband"-Muster und eine andere, bei der du die Steine unversetzt aufeinanderlegst. Welche Mauer hält besser?

So z.B. kann man Ziegelsteine anordnen:

FRAGE 18 — Was für Materialien werden sonst noch verwandt?

Betrachte diese Beispiele.

Wissenschaftler experimentieren mit einem neuen Baustoff, einer plastikartigen Substanz, die aus der Sojabohne gewonnen wird.

Glas mag zerbrechlich aussehen, aber mit einem Rahmen kombiniert kann es erstaunlich fest sein. Die Glaspyramide oben ist der Eingang zu Galerien unter dem Louvre, dem Museum in Paris.

Schnee wird für den Bau von Iglus verwendet, weil er oft das einzige vorhandene Material ist. Die Schneeblöcke werden in einer steigenden Spirale verlegt.

Stroh statt Bausteine. Diese amerikanischen Strohhäuser werden aus Heuballen errichtet und dann mit Zement und Stuck verputzt.

Gibt es schon Plastikhäuser? Nein, denn obwohl es über 10 000 Sorten von Kunststoff gibt, stellen sich bei der Verwendung als Baumaterial zwei Hauptprobleme:

1 Bei Bränden in Gebäuden können Temperaturen über 1000 Grad entstehen, aber kein Kunststoff hält mehr als 200 Grad Wärme aus.

2 Kunststoffe geben gefährliche Dämpfe ab, wenn sie brennen.

FRAG DICH MAL: WAS IST EIGENTLICH EIN GEBÄUDE?

FRAGE 19 Kann man am Aussehen eines Gebäudes er-

Wenn du den Baustil, das Aussehen, eines Bauwerks untersuchst, wirst du Anhaltspunkte dafür finden, wann es gebaut worden ist.

Um den Baustil eines Bauwerks zu bestimmen, mußt du berücksichtigen:
- den Ort – wo es steht
- die Funktion – welche Aufgaben es erfüllt
- die bauliche Gestaltung
- Größe, Maßstab, Form
- verwendete Baustoffe und -techniken
- Dekor – wie es „ausgeschmückt" ist

Aus der Geschichte der Architektur

1 ÄGYPTEN
Merkmale: Große Steinbauten, häufig in Stufen angelegte Pyramiden.
Beispiel: Cheops-Pyramide von Giseh, Ägypten (2723–2563 v. Chr.).

2 GRIECHISCH
Merkmale: Steintempel mit sich verjüngenden oder skulptierten Säulen.
Beispiel: Parthenon, Athen, Griechenland (447–436 v. Chr.).

Verbinde! Ein Gebäude kann von einem einzelnen ganz toll ausgedacht sein – es paßt dann u. U. nicht in dieses historische Schema. Siehe F 23 und F 29.

10 NEOKLASSISCH
Merkmale: Wiederaufgreifen griechisch- und römischantiker Stile. Symmetrie, Säulen, Ziergiebel.
Beispiel: State House (Regierungsgebäude) von Massachusetts, Boston, USA (1793).

9 BAROCK
Merkmale: Sehr prunkvolle, große Bauten mit vielen Säulen, Fenstern und schwungvollen Bögen.
Beispiel: Santa Maria della Salute, Venedig, Italien (1631–1682).

11 NEUGOTIK
Merkmale: Sorgfältig ausgearbeitete Fenster, Wände und Türen im gotischen Stil.
Beispiel: Parlamentsgebäude in London, England (1840–1860).

12 METALLKONSTRUKTIONEN
Merkmale: Skelett aus Stahl oder Gußeisen mit Glas und Zierelementen.
Beispiel: Kristallpalast, London, England (1851).

13 NEUBAROCK
Merkmale: Doppelsäulen, ovale Ziergiebel und Skulpturen als Gestaltungselemente.
Beispiel: Oper, Paris, Frankreich (1861–1874).

kennen, wann es gebaut worden ist?

5 FRÜHISLAMISCH
Merkmale: Spiralförmiger Turm mit Flach- oder Kuppeldach auf Stützen.
Beispiel: Große Moschee von Samarra, Irak (848-852).

3 RÖMISCH
Merkmale: Ellipsenförmiger Bau, übereinanderliegende Arkaden.
Beispiel: Kolosseum, Rom, Italien (70-82).

4 FRÜHCHRISTLICH
Merkmale: Zentralbau mit Säulen im Inneren; schmucklose Mauern außen.
Beispiel: San Vitale, Ravenna, Italien (526-547).

6 ROMANISCH
Merkmale: Großes festungsartiges Hauptgebäude mit rundbogigen Fenstern.
Beispiel: Tower von London, England (1078-1090).
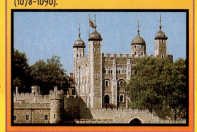

8 RENAISSANCE
Merkmale: Sehr symmetrisch, sorgfältig proportioniert, kluger Einsatz von Bögen und Geraden.
Beispiel: Capella dei Pazzi, Florenz, Italien (um 1400).
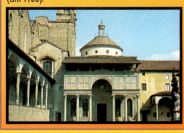

7 GOTIK
Merkmale: Kunstreicher Bauschmuck, Skulpturen, Türme, Glasmalereien.
Beispiel: Notre-Dame, Paris, Frankreich (1163-1250).

16 HIGH-TECH
Merkmale: Struktur des Gebäudes bleibt sichtbar.
Beispiel: Hauptverwaltung der Hongkong and Shanghai Bank, Statue Square, Hongkong (1986).

14 INTERNATIONAL
Merkmale: Stahlbetonplatten, weiße Wände, flache Dächer, große Fenster.
Beispiel: Melnikows Wohnhaus, Moskau, Rußland (1927).

15 ART DECO
Merkmale: Einfache, aber kühne geometrische Gebäudegestalt und Dekoration.
Beispiel: Chrysler Building, New York City, USA (1928-1930).
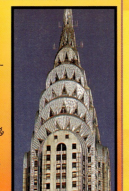

Verbinde!
Was wird die Zukunft bringen? Sieh nach bei F 35.

Prüf's nach!
Schau dir einmal die Gebäude in deiner Gegend an. Zu welchem Stil passen sie? Wie viele tragen Merkmale von zwei oder mehr Stilen?

FRAG DICH MAL: WAS IST EIGENTLICH EIN GEBÄUDE?

FRAGE 20 — Wie wird ein Haus gebaut?

Andere Länder, andere Techniken – und vieles hängt von den Materialien ab.

Arbeitsvorgänge im Ziegelbau

 SCHRITT 1 → Zuerst stellst du ein starkes Fundament her, auf dem das Haus aufruhen kann. Ziehe tiefe Gräben, wo die Mauern hin sollen, und fülle Beton ein.

 SCHRITT 2 → Baue die Ziegelmauern. Lasse Öffnungen für Fenster und Türen.

 SCHRITT 3 → Von unten aufwärts arbeitend, montiere Holzrahmen für Decken und Fußböden. Sie sollen Bodenbretter und Deckenflächen tragen.

 SCHRITT 4 → Mache ein hölzernes Traggerüst für das Dach und decke es mit Dachziegeln oder Schieferplatten.

 SCHRITT 5 → Montiere Fenster und Türen und baue eine Treppe. Das Haus ist nun ein wasserdichtes Gehäuse, worin die Handwerker weiterarbeiten können.

 SCHRITT 6 → Verlege die elektrischen Leitungen, dann verputze die Decken und verlege die Fußbodenbretter.

 SCHRITT 7 → Verlege nun die Rohrleitungen, wozu du, wenn nötig, Bodenbretter hochnimmst oder durch Putz bohrst. Bringe Steckdosen und Lichtschalter an.

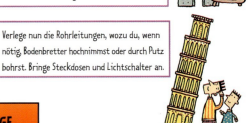

FRAGE 21 — Warum werden Gebäude abgerissen?

Weil Materialien altern und verschleißen, muß das Gebäude vielleicht aus Sicherheitsgründen abgerissen werden. Manche Gebäude bricht man ab, weil andere Gebäude auf dem Grundstück mehr wert sein würden.

Viele Häuser aus der Zeit der Industriellen Revolution (Mitte des 18. Jh.) sind heute baufällig und keine gemütliche Bleibe mehr.

Abriß eines Wolkenkratzers in Südafrika 1983

Zum ersten... An die 2000 Sprenglöcher werden in die Wände und Stützen des Gebäudes gebohrt.

Zum zweiten... Die Sprengladungen explodieren aufwärts durch die 20 Geschosse, der Bau stürzt ein.

Zum dritten... 16 Sekunden hat's gedauert – von dem Hochhaus ist nur noch ein Trümmerhaufen übrig.

FRAGE 22 — Warum steht der Schiefe Turm von Pisa schief (und wird er mal umfallen)?

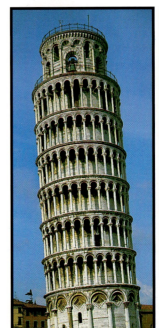

← Pisas berühmter Turm hat seit über 800 Jahren Schräglage, weil der Unterbau zu schwach ist und die Last nicht gleichmäßig aufnehmen kann. Der Turm neigt sich jedes Jahr um 1,5 mm. Wenn nichts unternommen wird, muß er schließlich einstürzen. Man hat auf dem Terrain an einer Seite des Turmes schwere Gegengewichte plaziert, aber das ist nur ein Notbehelf, keine Dauerlösung.

16

Connections

TEIL 2

Häßlich, seltsam, wunderbar...

Bauten sehen verschieden aus – wieso?

Bestimmt der Zweck eines Gebäudes seine Gestaltung mit?

Was ist ein exzentrischer, meist nutzloser Prachtbau?
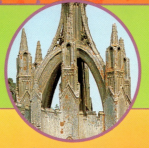

Können Witterungseinflüsse die Struktur eines Bauwerks beschädigen?

Die Reise geht weiter. Blättere um! In **Teil Zwei** wirst du erfahren, welche Faktoren zu berücksichtigen sind, wenn ein Bau geplant wird.

HÄSSLICH, SELTSAM, WUNDERBAR... BAUTEN SEHEN VERSCHIEDEN AUS – WIESO?

FRAGE 23 Bestimmt der Zweck eines Gebäudes mit, wie es am Ende aussieht?

Manchen Gebäuden sieht man es gleich an, wozu sie dienen. Sie sind auf die Erfüllung bestimmter Aufgaben hin gestaltet.

GROSSES VERGLASTES OBERTEIL Hier wird ein starkes Leuchtfeuer erzeugt, das sich dreht.

HOHES RUNDES GEBÄUDE Von hier aus sind Küste und Meer gut zu beobachten.

Das Windrad mit den vier großen **FLÜGELN** wird vom Wind gedreht. Es sitzt an einer Welle, die ihrerseits einen Stein antreibt, mit dem Getreide gemahlen wird, oder sie treibt eine Wasserpumpe an.

Manche Mühlen stehen **DREHBAR** auf einem Gerüst und werden selber in den Wind gedreht.

LEUCHTTURM

WINDMÜHLE

Manchmal glaubt man's kaum, daß Gebäude wirklich Gebäude sind, so irre sehen sie aus!

Norman House, Oklahoma, USA, 1961. Dieses ausgefallene Haus, entworfen von dem Architekten Herb Greene, sieht aus wie eine Kreuzung zwischen Rutschbahn und Müllablageplatz. Grundidee sind die Bruchbuden in Großstadt-Slums.

Wohnhäuser in den Niederlanden. Der niederländische Architekt Piet Blom ließ sich von Baumhäusern inspirieren, als er diese scheinbar gekippten Behausungen entwarf. Nur in Stahlbeton sind solche schrägen Bauten zu realisieren.

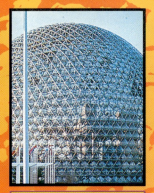

US-Ausstellungspavillon. Expo von Montreal. Kanada, 1967. Diese gewaltige Kuppel, entworfen von Richard Buckminster Fuller, ist aus Leichtstahl und Acrylglas. Dem Architekten schwebte vor, ganze Städte so zu überkuppeln.

Prüf's nach!

Manchmal erkennt man den Zweck eines Gebäudes nicht gleich. Wozu dient dieses Gebäude deiner Meinung nach? Die Antwort findest du auf der nächsten Seite.

Verbinde!

Immer wieder haben Architekten mit Phantasie und Weitblick Baustile revolutioniert. Sieh nach bei F 29.

Gibt es Gebäude ohne erkennbaren oder praktischen Nutzen?

Ja, es gibt so manchen exzentrischen Prachtbau, den sich jemand nur so zum eigenen Vergnügen errichtet hat. Die bizarren Bauten stehen dekorativ da und haben weiter keinen Nutzen.

ZINNENKRÄNZE UND SCHMALE FENSTER boten Bogenschützen Deckung, während sie auf Feinde draußen zielten.

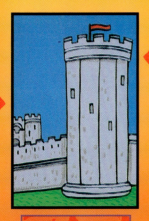

EINE BURG

MASSIVE TÜRME UND MAUERN sind so hoch und dick, daß der angreifende Feind sie nicht knacken kann.

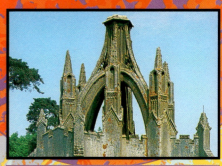

Woodbridge Lodge, Suffolk, England, erbaut um 1800, ist deutlich vom gotischen Stil beeinflußt.

Verbinde! Manche Bauten sind von Modeströmungen beeinflußt. Weiter bei F 26.

FRAGE 24 Ist für die bauliche Gestaltung eines Gebäudes wichtig, wo es stehen wird?

Wo ein Gebäude stehen soll, ist immer von Bedeutung. In stark erdbebengefährdeten Gegenden wie z. B. San Francisco und Tokio werden Gebäude möglichst erdbebensicher konstruiert.

1 Niedrigere Gebäude baut man aus Leichtbaustoffen, damit möglichst wenig Schaden entsteht, wenn sie bei einem Erdbeben einstürzen.

2 Höhere Gebäude haben flexible Innenstützen, die von den Erdbebenkräften bewegt werden können, ohne daß sie zerbrechen.

Das sechsgeschossige Nunotani-Bürogebäude in Tokio, Japan, ist stabiler, als es aussieht. Seine schrägen Wände, Decken und Fußböden sind so konstruiert, daß sie einem Erdbeben standhalten.

Verbinde! Sieh nach bei F 25, wie das Klima eines Gebiets die bauliche Gestaltung mitbestimmt.

HÄSSLICH, SELTSAM, WUNDERBAR... BAUTEN SEHEN VERSCHIEDEN AUS – WIESO?

FRAGE 25 Bestimmt das Klima mit, wie ein Gebäude aussieht?

Rund um den Erdball finden wir Gebäude aller Formen und Größen – von japanischen Pagoden und indischen Tempeln bis zu arktischen Blockhütten. Diese Vielfalt hängt damit zusammen, daß Bauten überall vor Witterungseinflüssen schützen sollen.

Überleg mal...

IST ES SONNIG?

Gebäude in warmen Gegenden sollen schattige Zuflucht vor der Sonne bieten:
1. Dicke Mauern und kleine Fenster lassen wenig Wärme herein.
2. Getünchte Mauern reflektieren Wärme.

Kirche von Paraportiani in Mikonos, Griechenland.

IST ES FEUCHT?

In niederschlagsreichen Gegenden müssen die Gebäude gegen sintflutartigen Regen gesichert sein:
1. In Gebäude auf Pfählen kommt Hochwasser nicht hinein.
2. Geneigte Dächer und ein Rinnensystem lassen Regenwasser abfließen.

Häuser auf Pfählen am Äquator bei Samarinda, Kalimantan, Indonesien.

IST ES KALT?

Gebäude in kalten Gegenden müssen Kälte abhalten und möglichst wenig Wärme nach außen abgeben:
1. Günstiges Material ist Holz – Holzbauten erwärmen sich schneller als Steinbauten.
2. Gefälledächer lassen Schneemassen runterrutschen.

Skihütte in der Schweiz im Winter

FALLSTUDIE 1

SCHÖN KÜHL

In Gegenden mit heißen Sommern haben viele Häuser einen Innenhof, auf den fast alle Räume gehen. Hier ist die Luft kühl, denn die Außenwände schirmen den Hof gegen die Sonne ab. Die wenigen Fenster in dem Gebäude sind meist klein und oft durch Läden verschließbar.

↑ Der befestigte Hof ist besonders in den Mittelmeerländern beliebt, z. B. in Spanien, Griechenland, Italien.

FALLSTUDIE 2

EINGESCHNEIT

Die neueste britische Forschungsstation in der bitterkalten Antarktis ist Halley 5. Die Gebäude der Station stehen auf Stützen und schweben 4,5 m über dem Boden. In dieser Höhe wehen die antarktischen Stürme Schnee vom Dach.

↑ Planung und Errichtung von Halley 5 dauerten sechs Jahre. Frühere Antarktis-Stationen waren dem rauhen Wetter nicht gewachsen.

Kann das Klima unmittelbar die Gestaltung eines Gebäudes beeinflussen?

Ja! HIER VIER EINFLUSSREICHE WITTERUNGSFAKTOREN:

1 WIND

Die Kraft des Windes ist nicht zu unterschätzen. Der Wind selber mag unsichtbar sein, aber was er anrichtet, ist es nicht.

↑ 1989 zerstörte der von Afrikas Küste nach North Carolina ziehende Hurrikan Hugo in den USA Tausende von Gebäuden.

SCHAUKELNDE WOLKENKRATZER

Je höher hinauf, desto stärker der Wind. Oben auf einem 100geschossigen Wolkenkratzer weht es viermal stärker als in Höhe des 50. Geschosses. Logisch, daß hohe Bauten bei starkem Wind schwanken.

↑ Das Royal and Commerce Bank Building in Toronto, Kanada.

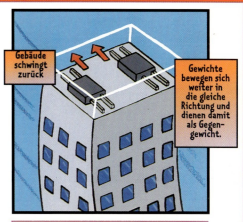

Gebäude schwingt zurück

Gewichte bewegen sich weiter in die gleiche Richtung und dienen damit als Gegengewicht.

↑ Man kann das Schwanken dadurch verringern, daß man große Gewichte oben auf dem Gebäude anbringt.

2 TEMPERATUR

Jähe Temperaturwechsel verursachen Risse in Betonbauten. Dieses Problem taucht auf, wenn Wasser in die schon vorhandenen winzigen Risse im Beton eindringt.
- Bei sinkender Temperatur gefriert das Wasser.
- Gefrierendes Wasser dehnt sich aus – der Riß wird größer.
- Das Eis schmilzt, aber nächste Nacht gefriert das Wasser wieder.
- Der Riß wird immer größer.

DER GEFRIER-AUFTAU-ZYKLUS KANN DIE STAHLEINLAGEN IM STAHLBETON FREILEGEN.

3 REGEN

Wenn sich Regen mit Schadstoffen in der Luft wie z.B. Schwefeldioxid mischt, fällt er als saurer Regen auf die Erde zurück. Saurer Regen löst Kalciumkarbonat, den Hauptbestandteil von Kalkstein und Sandstein.

↑ Saurer Regen zerstört Gebäudefassaden.

Prüf's nach!

Regen dringt auch in Bauholz ein. Die Zellen im Holz absorbieren das Wasser und quellen auf. Prüf's nach, indem du nach einer Regenperiode versuchst, eine Holztür zu öffnen. Sei nicht überrascht, wenn sie klemmt. Durch die Mehrfeuchtigkeit in den Zellen ist die Tür größer geworden.

4 LUFT

Manche Gebäude verfärben sich. Durch Oxidation werden Kupferdächer graugrün. Diese Schicht, die Patina, entsteht dadurch, daß Substanzen in der Luft auf das Kupfer einwirken. Patina nützt dem Gebäude, denn sie ist eine Schutzschicht, die weitere Korrosion verhindert.

← Die Kuppel des Eingangstors zur Wiener Hofburg hat ein Kupferdach.

HÄSSLICH, SELTSAM, WUNDERBAR... BAUTEN SEHEN VERSCHIEDEN AUS – WIESO?

FRAGE 26 Kann die Mode beeinflussen, wie ein Bauwerk aussieht?

Wenn du dir die Architektur-Reise bei Frage 19 noch einmal vor Augen führst, siehst du, daß Baustile oft von Trends oder Zeitereignissen beeinflußt worden sind.

Art deco

Art deco war die Richtung der Jazz-Zeit. Der Name leitet sich von einer Ausstellung dekorativer Kunst in Paris 1925 her.

↑ **Berkeley Shore Hotel, Miami, USA (1940)**
ARCHITEKT: ALBERT ANIS
Eingang und Vorderseite des Gebäudes weisen viele geometrische Elemente und Schmuckformen auf.

Die einfachen, kräftigen, lichten Gestaltungen des Art deco mit ihren geometrischen Mustern und klaren Linien suggerierten Komfort und Kultiviertheit. Der Stil beeinflußte alles, von Kleidung und Möbeln bis zu Buchgestaltung und Frisuren.

De Stijl

Die niederländische Stijl-Gruppe entstand 1917. Die Mitglieder waren frühe Anhänger der Moderne, die befand, daß Bauten möglichst einfach und kubisch auszusehen hätten. Dekoration schätzten sie nicht.

Ein Hauptvertreter der Stijl-Bewegung war der abstrakte Maler Mondrian.

↑ **Haus Schröder, Utrecht, Niederlande (1924)**
ARCHITEKT: GERRIT RIETVELD
Würfelformen prägen dieses Haus mit seinen glatten weißen Flächen, flachen Dächern und Horizontalen.

Metro-land

Im frühen 20. Jh. wurde Londons U-Bahn-Netz in die Randgebiete der Hauptstadt hinein erweitert. Um die Bahnhöfe herum entstanden neue Vorstädte. 1915 wurde für diese neuen Gebiete die Bezeichnung „Metro-land" gefunden. Viele Häuser dort wurden in einem romantischen Stil gebaut, der von Reichtum und Komfort der Vorstadt künden sollte.

Dieser Metro-land-Führer wurde 1915–1932 jedes Jahr von der Metropolitan Railway veröffentlicht. Er sollte die Leute dazu anregen, in den neuen Vorstädten Häuser zu kaufen.

Verbinde!

Sieh nach bei F 28, wie technische Entwicklungen und Erfindungen neue Wege im Bauwesen wiesen.

FRAGE 27 — Wie steht es mit dem Raum, den Materialien, dem Geld zum Bauen?

★ DÜRFTIGES MATERIAL

Am Rand mancher Großstädte, z. B. in Indien und Südamerika, hausen Menschen in Slums. Sie sind zu arm, können sich Wohnungen weder kaufen noch mieten, deshalb bauen sie sich selbst was. Sie errichten sich primitive Behausungen aus Materialien, wie sie sich auftreiben lassen.

↑ Viele Slum-Hütten sind aus Wellblech, Pappe und Plastik gebaut.

★ DAS TEUERSTE HAUS

↑ Blick über den Neptun-Pool der Hearst Ranch.

Die Hearst Ranch in Kalifornien, USA, ist das teuerste Haus aller Zeiten. Kostenpunkt 1922: 30 Millionen Dollar. Erst nach 17 Jahren war der Bau fertig. Er hat über 100 Räume, einen Swimmingpool und eine Garage für 25 Limousinen.

★ WENIG RAUM / VIEL RAUM

Die Höhe eines Gebäudes richtet sich auch danach, wo es gebaut wird. Ist Bauland teuer oder knapp, baut man gern in die Höhe. Wo Bauland billig ist und reichlich zur Verfügung steht, kann man Häuser niedriger bauen und immer weiter nebeneinander in die Landschaft setzen.

Ort: Hongkong
Fläche: 1.075 km^2
Einwohner: 5.800.000
Bevölkerungsdichte: 5400 Einwohner je km^2
Gebäude: In einem Wolkenkratzer können bis zu 1000 Menschen wohnen.

Ort: Canberra, Australien
Fläche: 2.400 km^2
Einwohner: 273 600
Bevölkerungsdichte: 110 Einwohner je km^2
Gebäude: Großflächige Häuser fassen sehr wenige Bewohner.

Verbinde! Beeinflussen Gebäude, wie wir uns fühlen? Sieh nach bei F 31.

Verbinde! Sieh nach bei F 34, warum manche Hochhäuser sich nicht bewährten.

➡ Aufpassen! Das Äußere eines Gebäudes kann täuschen. Bei manchen Gebäuden wundert man sich: Wie sind die denn dahin gekommen? Guck dir diese zwei Fotos an. Schätze mal nach dem Aussehen, in welchem Land die Gebäude stehen!

 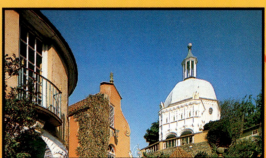

↑ **Der Königliche Pavillon,** gebaut zwischen 1815 und 1818, sieht eher indisch aus, aber er steht in Brighton, England. John Nash entwarf ihn für den Prinzregenten George IV. Zu dem exotischen Aussehen regten die Bauten der Mogulkaiser in Delhi, Indien, an.

↑ Das hier ist kein italienisches Dorf, sondern es ist **Portmeirion** in Gwyned, Wales. Diese mittelmeerisch anmutenden Gebäude wurden 1933–1972 von Clough Ellis errichtet, einem wohlhabenden Exzentriker, der wollte, daß die walisische Bucht wie ein Hafen in Italien aussehe.

Verbinde! Erinnerst du dich an die bizarren Gebäude von F 23? Wenn du zu F 29 weitergehst, kannst du etwas über den Mann erfahren, von dem die Bauten mit dem allermerkwürdigsten Aussehen überhaupt stammen – Antonio Gaudí.

HÄSSLICH, SELTSAM, WUNDERBAR... BAUTEN SEHEN VERSCHIEDEN AUS – WIESO?

FRAGE

28 Wie haben Erfindungen das Aussehen von Bauten verändert?

In technischer Hinsicht ist das Bauen stark durch die Industrielle Revolution im 18. Jahrhundert beeinflußt worden. Sie begann in England um 1760 und erfaßte bald auch das übrige Europa sowie Amerika. Man erfand Maschinen, die Waren in großen Mengen herstellen konnten, es entstanden große Fabriken, man fand neue Baustoffe.

Neuerungen

1779
Die erste gußeiserne Brücke der Erde wurde in Shropshire, England, errichtet. Weil sie so gut funktionierte, experimentierte man bald mit der Verwendung von Metallbauteilen in Gebäuden.

1803
Richard Trevithick baute die erste Dampflokomotive. Mit dem neuartigen Transportmittel konnte man Rohstoffe, z.B. Kohle, rasch zur Fabrik befördern und Erzeugnisse abholen.

1856
Henry Bessemer fand eine billige Methode, aus Eisen Stahl zu machen. Stahl war fester und haltbarer als Eisen und entwickelte sich zum bevorzugten Metall in der Herstellung von Gebäuden.

1920er Jahre
Stahlbeton setzte sich als faszinierendes neues Material endgültig durch, 70 Jahre nach seiner Entwicklung durch die Franzosen. Um den Beton fester zu machen, wurden Stahlstäbe eingelegt.

Verbinde! Was für größere Neuerungen stehen uns bevor? Sieh nach bei F 35.

Was prägt das Aussehen moderner Bauten?

Das ist vor allem der Stahlbeton – er ist unglaublich vielseitig. Man kann ihn in jegliche Form gießen, auch in Formen, die der Schwerkraft zu trotzen scheinen.

Der Architekt Frank Lloyd Wright führte selber vor, wie Stahlbeton hält. Er stellte sich unter ein vorspringendes Bauteil aus Stahlbeton. Nachdem der Beton abgebunden hatte, stieß Frank Lloyd Wright die Holzstützen darunter weg. Die Bauleute waren heilfroh, als sie sahen, daß nichts herunterkrachte.

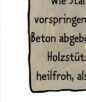

☆ STAHLSKELETTE

Bei einem Haus tragen die Mauern den ganzen Bau mit Fußböden, Decken und Dach. Beim Wolkenkratzer ist das Gewicht zu groß für normale Mauern und Wände. Deshalb baut man Wolkenkratzer um einen Stahl- oder Betonrahmen herum. Dieses Skelett ist leicht, aber trotzdem stark genug, um die Fußböden, Wände und riesigen Glasscheiben zu tragen.

FRAGE 29

Wie haben manche Architekten Stil und Formen beeinflußt?

Manche Menschen hatten Träume und Visionen, die sie nicht mehr losließen. Ihre Ideen haben uns Bauwerke neu sehen gelehrt. Hier beschreiben wir einige große Architekten.

CHRISTOPHER WREN
(1632–1723)

Berühmt durch:
Paulskirche in London, England (1675–1710).

Nachdem die Kathedrale im großen Feuer von London 1666 abgebrannt war, erbaute Wren sie neu.

ANTONIO GAUDÍ
(1852–1926)

Berühmt durch:
Casa Batlló, Barcelona, Spanien (1907).

Gaudí gestaltete die Fassade dieser Etagenwohnungen zu einer bizarren, phantastischen Komposition.

LE CORBUSIER
(1887–1965)

Berühmt durch:
Notre-Dame-du-Haut, Ronchamp, Frankreich (1950 bis 1955).

Le Corbusier gestaltete die Wallfahrtskirche so, daß sie aus jedem Blickwinkel betrachtet interessant aussieht.

FRANK LLOYD WRIGHT
(1869–1959)

Berühmt durch: „Falling Water", Pennsylvania, USA (1937–1939).

Mit diesem Meisterwerk in Beton verwirklichte Frank Lloyd Wright seine Vorstellung, Bauten aus der Umgebung hervorwachsen zu lassen.

★ HÖHER UND IMMER HÖHER

Technische Neuerungen ermöglichen die Konstruktion immer höherer Gebäude. Bei der Pariser Tour Sans Fins mit ihren Glasplatten wird Stahlbeton eingesetzt, das ergibt einen steiferen Rahmen als Stahl.

↑ Gut zu sehen ist bei diesem halbfertigen New Yorker Wolkenkratzer das Stahlgerippe.

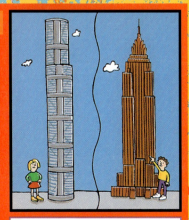

↑ Mit 426 m wird die Tour Sans Fins Europas höchstes Gebäude sein. Das Empire State Building in New York, USA, ist 581 m hoch.

Verbinde!
Gewisse technische Entwicklungen haben Bauwerke „krank" gemacht. Was heißt das? Siehe F 32.

Verbinde!
Kann jeder bauen, was und wo er will? Sieh nach bei F 30.

Verbinde!
Architekten mögen noch so Phantastisches erträumen, aber Menschen müssen ihre Bauten benutzen. Mehr darüber bei F 34.

HÄSSLICH, SELTSAM, WUNDERBAR... BAUTEN SEHEN VERSCHIEDEN AUS – WIESO?

FRAGE 30: Kann jeder bauen, was er will und wo er will?

Nein. Zur Errichtung eines neuen Gebäudes gehört in der Regel mehr, als daß jemand die Maurer kommen läßt. Man muß die Bauordnung und den Bebauungsplan des Gebiets einhalten.

Was ist die Bauordnung?

Es ist gesetzlich geregelt, welche Bedingungen ein Gebäude erfüllen muß, damit es gebaut werden kann.
In Deutschland sind es Verordnungen, das heißt, amtliche Anordnungen, die von Kommunalbehörden praktisch durchgeführt werden. Ähnliche Bebauungsvorschriften gibt es in den USA.

NACH DER BAUORDNUNG MUSS DAS NEUE GEBÄUDE
- ✓ sicher und bautechnisch einwandfrei sein;
- ✓ gesunde Wohnbedingungen bieten;
- ✓ leicht zu betreten und zu verlassen sein;
- ✓ zu den Gebäuden ringsum passen;
- ✓ so angelegt sein, daß es keine Straße blockiert und den Verkehr nicht behindert;
- ✓ die rechte Höhe haben.

IM BEBAUUNGSPLAN STEHT, WOFÜR DER GRUND UND BODEN IN EINEM GEBIET GENUTZT UND WIE ER BEBAUT WERDEN KANN.

Im alten Babylon wurden Architekten zum Tode verurteilt, wenn eines ihrer Bauwerke einstürzte und jemand dadurch ums Leben kam.

↑ Dieses Haus steht in einem geschützten Gebiet, das heißt, wenn der Bewohner etwas am Charakter des Gebäudes ändern will, braucht er für die Durchführung eine entsprechende Erlaubnis. Oft beschränken kommunalbehördliche Auflagen die Weiterentwicklung solcher Gebiete.

Verbinde! Wie gestalten Architekten Gebäude für Behinderte? Siehe F 31.

FALLSTUDIE: Das Globe-Theater

Vor rund 400 Jahren wurden Stücke William Shakespeares im Globe-Theater in London gegeben. Am 29. Juni 1613 kam es zu einer Katastrophe. Im Rahmen einer Aufführung wurde eine Kanone abgeschossen. Dadurch geriet das Dachstroh in Brand – das ganze Theater brannte nieder.

↑ Heutigen Bauvorschriften gemäß hat das neue Globe Theatre eine Anzahl Notausgänge, eine Sprinkleranlage im Dach und ein wasserdichtes Rohrdach.

Wandervolk der Wüste...

Nomaden sind Wanderhirten. Sie ziehen umher auf der Suche nach Wasser und Weideland für ihre Tiere. Nomaden brauchen Behausungen, die leicht auf- und abzubauen und transportabel sind.

↑ Die Beduinen, arabische Nomaden, wohnen in wasserdichten Zelten aus Ziegenhaar.

Connections!

TEIL 3

Bauten...

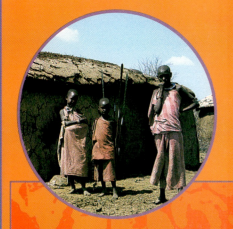

Wie beeinflussen sie die Menschen, die sie benutzen, und ihre unmittelbare Umgebung?

Können Gebäude wirklich unser Befinden beeinflussen?

Können Gebäude krank werden?

Wie werden Gebäude in der Zukunft aussehen?

Gebäude sollen benutzerfreundlich gestaltet sein, nämlich für die Menschen, die sie Tag für Tag betreten und verlassen, in ihnen arbeiten und wohnen. In **Teil Drei** sehen wir, wieso manche Gebäude das bringen und manche nicht.

BAUTEN – WIE BEEINFLUSSEN SIE DIE MENSCHEN, DIE SIE BENUTZEN, UND IHRE UNMITTELBARE UMGEBUNG?

FRAGE 31 Beeinflussen Gebäude, wie wir uns fühlen?

Menschen reagieren ganz verschieden, wenn man sie fragt, was ihnen zu Baustilen einfällt. Die Antworten hängen von vielen Faktoren ab, z.B.:

1 vom persönlichen Geschmack.

2 davon, was für Gebäude jemand gewöhnt ist.

3 von der Umgebung des Gebäudes.

Guck dir jedes dieser Gebäude an und suche dasjenige Wort aus, das es nach deinem Gefühl am besten charakterisiert.

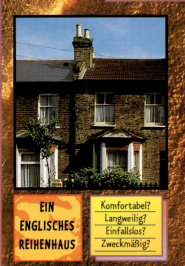
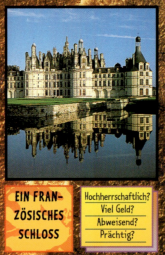

EIN ENGLISCHES REIHENHAUS
Komfortabel?
Langweilig?
Einfallslos?
Zweckmäßig?

EIN FRANZÖSISCHES SCHLOSS
Hochherrschaftlich?
Viel Geld?
Abweisend?
Prächtig?

EIN NORWEGISCHES LAPPENZELT
Abenteuer?
Kalt?
Wacklig?
Einfach?

EIN JAPANISCHES BÜROGEBÄUDE
Häßlich?
Modern?
Futuristisch?
Nüchtern?

FRAGE 32 Was ist Gebäudekrankheit?

Manche Gebäude können Menschen krank machen. Man spricht dann vom „Gebäudekrankheitssyndrom".

Wieso machen manche Gebäude Menschen krank? → Es gibt Gebäude, in denen lassen sich die Fenster nicht öffnen, und wenn das Gebäude künstliche Lüftung hat, z.B. klimageregelt ist, bleiben Keime und verbrauchte Luft u. U. lange in dem Gebäude.

Welches sind die Symptome des Gebäudekrankheitssyndroms? →

Reizung von Augen, Nase und Hals.

Seltsame allergische Reaktionen.

Gedächtnisverlust, Konzentrationsschwäche.

Gerötete, wunde Haut.

Wie können Architekten Behinderten das Leben erleichtern?

Menschen im Rollstuhl

Wer auf den Rollstuhl angewiesen ist, hat es in den meisten Gebäuden schwer. Treppen, schmale Korridore und Pendeltüren werden zu Hindernissen. Architekten müssen beim Entwerfen öffentlicher Gebäude berücksichtigen, daß jeder Benutzer in ihnen zurechtkommen soll.

- Aufzüge sind auch in Blindenschrift beschriftet.
- Badezimmer werden geräumiger angelegt, damit sich Rollstuhlfahrer in ihnen gut bewegen können. Alles ist viel niedriger angebracht.
- Korridore sind verbreitert.
- Vor und in dem Gebäude sind Rampen vorhanden.
- In manchen Theatergebäuden werden für Rollstuhlfahrer Sitze herausgenommen.

Sehbehinderte

Wer schlecht sieht, ist in Gebäuden oft übel dran. Das Louis-Braille-Haus in Hamburg hat zum Beispiel mit der Gestaltung seiner Räume gezeigt, wie die Bedürfnisse von Sehbehinderten berücksichtigt werden können.

- Die Böden haben Beläge aus verschiedenem Material, die beim Begehen entsprechend verschieden „klingen" – daran hören die Sehbehinderten, daß sie in verschiedenen Teilen des Gebäudes sind.
- Türkanten und Griffe sind in kräftigen, leuchtenden Farben gehalten, damit sie sich deutlich von ihrer Umgebung abheben.
- An den Wänden sind Leitstangen und Geländer angebracht.
- Alles ist mit großen, klaren, erhabenen Buchstaben ausgeschildert.

Prüf's nach!

Setz dich zu Hause hin und schreib auf, welche Schwierigkeiten du tagtäglich hättest, wenn du nicht gehen, nicht sehen oder nicht hören könntest.

Was sind gesundheitsschädliche Erdstrahlen?

Manche Menschen glauben, daß es solche Strahlen gibt, unter denen man in Gebäuden zu leiden hat. Angeblich wird die Strahlung von unterirdischen, sich kreuzenden Wasseradern hervorgerufen und geht senkrecht durch das ganze Gebäude.

In China kennt man „Erdwahrsager", die die Energien des Baulands prüfen und die richtige Orientierung des geplanten Gebäudes bestimmen.

FRAGE 33

Beeinflußt die nähere Umgebung eines Gebäudes, was wir von ihm halten?

Betrachte diese zwei Fotos. Beide zeigen hohe Gebäude. Gefallen die Gebäude allen? Unten findest du zwei Beispiele für Meinung und Gegenmeinung.

☆ **CANARY WHARF TOWER IN LONDON**

1 Urteil: Das hohe Gebäude ist ein Schandfleck. Es hat den Charakter der Umgebung kaputtgemacht.

2 Urteil: Das hohe Gebäude ist große Architektur. Es hat der Gegend neuen Aufschwung gegeben.

☆ **ABERDEEN HARBOUR IN HONGKONG**

1 Urteil: Hohe Gebäude stehen in Hongkong überall. Das Gebäude fügt sich mühelos ein. Seine Höhe ist vertretbar.

2 Urteil: Wenn zu viele Hochhäuser auf engem Raum stehen, kriegt man Platzangst, und die Stadt wirkt abweisend.

Verbinde! Was wird die Zukunft bringen – immer höhere Gebäude? Sieh nach bei F 35.

BAUTEN – WIE BEEINFLUSSEN SIE DIE MENSCHEN, DIE SIE BENUTZEN, UND IHRE UNMITTELBARE UMGEBUNG?

FRAGE 34: Kann ein Gebäude mißlingen?

Nicht alle Gebäude bewähren sich in der Praxis. Manche haben die Erwartungen nicht erfüllt, weil sie den Bedürfnissen der Bewohner nicht entsprachen. Andere erwiesen sich als Fehlschlag, weil sie bauliche Mängel hatten.

Prüf's nach!

Schau dich in eurem Wohnhaus um. Gibt es Gebäudeteile, die nicht gut funktionieren? Was würdest du ändern, damit sie besser funktionieren?

NICHT BENUTZERGERECHT

DAS PRUITT-IGOE-WOHNUNGSBAUPROJEKT

Diese Wohnanlage in St. Louis, USA, sollte den Bewohnern „Straßen in der Luft" bringen. Die Menschen fühlten sich in den 14geschossigen Gebäuden jedoch einsam und isoliert. Nach nur siebzehn Jahren wurden die unbeliebten Gebäude abgerissen.

BAULICHE MÄNGEL

RONAN-POINT-WOHNKOLONIE

Am 16. Mai 1968 verursachte ein undichter Gasherd in einer Wohnung dieser Anlage in London, England, eine starke Explosion, die die äußere lasttragende Wand wegsprengte. Infolgedessen stürzte ein Teil des Gebäudes ein. Nach dem Wiederaufbau in Stahlbeton fand man den Bau immer noch nicht sicher und riß ihn deshalb lieber ab (1986).

Wie macht man belastbarere Baustoffe?

Man prüft zum Beispiel, was mit Materialien unter hohem Druck geschieht.

Die untere Bildfolge zeigt, wie ein Düsenjäger in einen Betonklotz knallt. Amerikanische Wissenschaftler haben sodann die Folgen des Aufpralls mit einer Computer-Vorhersage verglichen, um festzustellen, inwieweit die Voraussage zutraf. Solche Informationen braucht man, um festere Materialien zu entwickeln.

↑ **0,0 sek** Eine unbemannte F-4 Phantom rast auf den Block zu.

↑ **0,02 sek** Spezialgeräte und Kameras zeichnen den Aufprall der Flugzeugnase bei über 700 km/h auf.

↑ **0,1 sek** Die Maschine geht in Flammen auf. Aus dem Versuch gewinnen die Wissenschaftler wichtige Informationen über den Aufbau von Beton.

Erfolg!

CENTRE POMPIDOU – BENUTZERFREUNDLICHER ENTWURF UND GUTE RAUMNUTZUNG

Das Centre Pompidou in Paris wurde 1972–1977 nach einem Entwurf von Piano und Rogers errichtet. Es ist ein Erfolg, weil technische Einrichtungen wie z. B. Fahrtreppen und Lüftungsanlagen außen angebracht sind, wodurch im Inneren mehr Raum für Ausstellungen und Veranstaltungen bleibt. Die Architekten schufen einen Bau von revolutionärem Aussehen, der Menschen anzog und förmlich einlud, hereinzukommen und an den kulturellen Ereignissen drinnen teilzunehmen.

FRAGE 35: Was für Gebäude wird uns die Zukunft bringen?

Der Wandel der Lebensstile und das Bevölkerungswachstum werden das Bauen in der Zukunft beeinflussen. Da Bauland immer knapper wird, gibt es praktisch nur noch zwei Möglichkeiten, der immer dichteren Besiedlung Rechnung zu tragen:

1 IN DIE HÖHE...

Künftig werden Gebäude wahrscheinlich in den Himmel ragen. Sie werden Büros, Wohnräume, Läden, Kinos und Restaurants enthalten.

ZUM BEISPIEL TOKIO

Bauland in Tokio, Japan, ist das teuerste der Welt. Die Fläche, die der kaiserliche Palast in Tokio überdeckt, ist mehr wert als ganz Kalifornien, USA. Möglichst hoch zu bauen ist deshalb wirtschaftlich sinnvoll.

↑ Bald soll in Tokio der Millennium Tower entstehen. Mit seinen 800 m wird er fast zweimal so hoch sein wie der Sears Tower, derzeit das höchste Gebäude der Welt.

2 IN DIE TIEFE...

In die Tiefe bauen ist angezeigt bei Gebäuden, die ohne Tageslicht funktionieren können, z. B. bei Kinos. Unterirdische Gebäude sind leicht zu beheizen und beschädigen nicht die Umwelt über Tage.

TIEFGELEGTE STÄDTE

In Japan denken Architekten über Pläne zu einer unterirdischen Stadt nach, Geotropolis soll sie heißen. Sie würde 50 m unter der Erdoberfläche liegen und ihre eigenen Straßen- und Schienennetze haben. Rotierende Prismen in großen lichteinlassenden Aufsätzen würden der Sonne folgen und Licht nach unten auf unterirdische Gärten reflektieren.

↑ Auf dem Papier sieht Geotropolis ja prima aus. Aber der Entwurf ist revolutionär – niemand weiß, wie sich eine solche unterirdische Stadt auf ihre Bewohner auswirken wird.

Was könnte es sonst noch geben?

In manchen Gegenden, z. B. im wüstenhaften Arizona (USA), leben Menschen in gewölbten Gebäuden. In der Kuppel herrschen immer dieselben angenehmen, behaglichen Bedingungen, also könntest du in einem solchen Gebäude praktisch überall auf der Erde wohnen.

↑ Wie baut man eine Erde auf der Erde? Ganz einfach, man konstruiert eine riesige geschlossene Glasblase. Zwei Jahre haben Wissenschaftler in Arizona in Biosphere 2 gelebt, ohne die Anlage auch nur ein einziges Mal zu verlassen.

Verbindungen!

Werden wir in der Zukunft noch Gebäude für öffentliche Veranstaltungen und große Bürohäuser brauchen? Dank technischer Fortschritte können wir per Computer und Telefonnetz in Kontakt stehen und mit anderen interagieren, ohne unser Zimmer zu verlassen. Was Architekten als nächstes bauen werden, muß berücksichtigen, wie sich unser privates und soziales Leben ändert.

Connections! BAUTEN Index

Abriß 16, 30
Architekten 5, 25, 26
Art deco 15, 22
Athen, Parthenon 14

Barock 14
Baustile 14, 15
Bauvorschriften 26
Behinderte 29
Beton 7, 12, 16, 18, 24, 25, 30
Biosphere 2 31
Brighton, kgl. Pavillon 23
Buntglas 10
Büro 5, 11, 28, 31
Burg 10, 19

Centre Pompidou 30
Chicago, Sears Tower 6, 31
Chrysler Building 15

Dach 8, 16, 20, 26
Dachziegel 16
Decke 9, 16

Eiffelturm 4
Erdbeben 19
Erdstrahlen, gesundheitsschädliche 29

Fabrik 5
Fenster 10, 16, 19, 20, 28
Fundamente 16
Fußboden 9, 16, 29

Gaudí, Antonio 25
Geotropolis 31
Gips 9
Glas 10, 13, 18, 25
Gotisch 14, 15
Granit 12
Griechische Architektur 14
Gußeisen 14, 24

Hochhäuser 11
Höhlen 4, 5
Holz 4, 8, 9, 16, 20
Hongkong and Shanghai Banking Corporation, Hauptverwaltung 15
Hütten 4, 12

Iglu 10, 13
Industrielle Revolution 16, 24

Jurte 11

Kaiserlicher Palast 7, 31
Kalkstein 12, 21
Kathedrale 5, 8, 15, 19
Kellergeschoß 6
Kolosseum 15
Kunststoff 13
Kuppel 8, 18, 21, 31

Le Corbusier 7, 25
Leuchtturm 18
Licht 6

London, Globe Theatre 26
Kristallpalast 14
Parlamentsgebäude 14
Ronan-Point-Projekt 30
Luft 6, 10, 11, 21, 28

Marmor 12
Mauer,
 Wand 9, 12, 13, 16, 19, 20, 24, 29, 30
Metro-land 22
Mittelmeer 9, 20
Moderne 22
Moschee 5, 8, 15
Moskau, Basilius-Kathedrale 8

Naturstein 12
Neoklassisch 14
New York, Empire State Building 25
Nomaden 11, 26

Palast 7
Paris, Notre-Dame 15
 Oper 14
 Tour Sans Fins 25
Pisa, Schiefer Turm 16
Pyramiden 4, 5, 12, 13, 14

Regen 7, 20, 21
Renaissance 15
Romanisch 15
Rohrdach 8, 26
Römische Architektur 15

Sandstein 12
Schiefer 8, 12
Schnee 13, 20
Slums 18, 23
Stahl 11, 14, 24, 25
St. Louis, Pruitt-Igoe-Projekt 30
Stonehenge 4
Stroh 8, 13
Stuck 9, 13
Stützen 7, 20
Sydney, Oper 4

Tempel 5, 11, 14, 20
Temperatur 6, 13, 21
Tokio, Millennium Tower 31
Tür 11, 16, 29
Turm 6, 15, 16, 19, 29, 31

Unterirdisch 6, 31

Wärme 8, 20
Wind 21
Wolkenkratzer 16, 21, 24, 25
Wren, Christopher 25
Wright, Frank Lloyd 24, 25

Zelt 11, 12, 26, 28
Ziegel 12, 13, 16
Zikkurat 5

☆ **Bildnachweis:** S1 Ian Lambot/Arcaid. S3 oben: World; unten: Comstock. S4 oben, ganz links: Ace; ganz rechts: Ace; unten Architecture Collection. S5 oben links: World; oben Mitte: Ace; oben rechts: Ace; unten links: World; unten rechts: Ace. S6 oben links: World; unten links: Ace; unten rechts: Camera Press; unten rechts: Frank Spooner Pictures; unten Tafel: Comstock. S11 oben: World; ganz links: Ace; Mitte links: Rex Features; Mitte: World; rechts: Comstock; unten: Comstock. S12 links: Ace; rechts oben: GSF Picture Library; rechts unten: Comstock. S13 links: World; Mitte: B&C Alexander; rechts: AC Press Services. S14 oben links: World; oben rechts: World; Mitte links: World; Mitte Mitte: World; Mitte rechts: World; unten links: Architectural Association; unten rechts: Arcaid. S15 oben links: World; oben Mitte: Architectural Association; oben rechts: Architectural Association; Mitte links: Architectural Association; Mitte Mitte: World Picture; Mitte rechts: World; unten links: Architectural Association; unten Mitte: World; unten rechts: World. S16 oben: Camera Press; links: The Image Bank; rechts: World. S17 links: Architectural Association; rechts: Rex Features. S18 links: Architectural Association; Mitte: Zeta; rechts: Architectural Association; ganz rechts: Architectural Association. S19 AC Press Service. S20 oben: World; Mitte: Hutchison Library; unten: Britstock-IFA; unten links: Bruce Coleman; unten rechts: British Antarctic Survey. S21 oben rechts: Katz Pictures; oben Mitte: Ace; Mitte: Bruce Coleman; unten rechts: Eye Ubiquitious; Tafel: Comstock. S22 links: Arcaid; rechts: Architectural Association; unten: London Transport Museum. S23 Tafel: Comstock; oben links: Robert Francis; oben Mitte links: Architectural Association; oben Mitte rechts: World; oben rechts: World; unten links: World; unten rechts: World. S25 links: Architectural Association; Mitte links: Architectural Association; Mitte rechts: Architectural Association; rechts: Arcaid; unten: Ace. S26 oben: Comstock; unten rechts: Royal Geographical Society. S27 links: Bruce Coleman; rechts: Representation Plus UK. S28 oben links: D. S. Dorman; oben rechts: World; Mitte links: Architectural Association; Mitte Mitte: World; Mitte rechts: B&C Alexander; Mitte ganz rechts: Sims; Tafel: Comstock. S29 oben: Architectural Association, unten: World; Tafel: Comstock. S30 oben links: Range/Bettman/UPI; oben rechts: Mirror Syndication International; unten links: Arcaid; unten Mitte: AC Press Services; unten Mitte rechts: AC Press Services; unten ganz rechts: AC Press Services. S31 oben: Frank Spooner Pictures; unten: Magnum Photos; Tafel Comstock.